술하

안춘예

슬 하

인 쇄: 초판인쇄 2013년 11월 25일
인 쇄: 초판인쇄 2013년 11월 30일
지은이: 안춘예
펴낸이: 윤기영
편 집: 정설연
펴낸곳: 노트북
등 록: 제 305-2012-000048호
본 사: 서울시 동대문구 사가정로 256-4호 나동 B101호
전 화: 070-8887-8233 팩시밀리 02-844-5756
이메일: hdpoem55@hanmail.net

정 가: 10,000원
ISBN: 978-89-92687-47-8-03810

한국 현대시[韓國 現代詩]

811.7-KDC5
895.715-DDC21 CIP2013024530

슬하

안춘예

서문

시인이 되기까지 꼬박 53년이 걸렸습니다.
시의 첫 울음소리를 내게 해준 친정 부모님께
이 소식을 소리 없이 전합니다.

그 후, 나의 성장통과 함께 유년기와 사춘기를 거쳐 한 남자의 아내가 되었을 때 나의 시는 두 아이의 울음소리를 통해 다시 가슴으로 전해져 왔습니다. 아내와 엄마로 그리고 며느리로 시를 쓰듯 생을 수놓으며 사는 동안 어쩌면 잠시 시를 잊었었는지도 모릅니다.

불혹을 지나 어느덧 손주까지 태어나면서 생이 잠잠하다고 느끼던 날 남동생을 통해 나는 생을 다시 꺼내 써야 했습니다. 아직 다 부르지 못한 노래 소절들을 때론 동생 대신 부르며 친정 부모님의 근심과 오남매의 맏이로 다시 돌아가야 했습니다. 우리가 뛰어놀던 평택의 들판은 황금빛으로 물들어 가는데 숨죽여 울어야 하는 부모님과 남동생의 눈물을 담담히 다독여야 했습니다.
상처까지도 우리의 생이라고 말해주고 싶습니다.
어머니, 당신이 흘리는 눈물로 딸이 시를 쓰고 있다고, 마음 놓고 울어보지도 못한 세 여동생에게 체온을 실어 이 소식을 전합니다.

결실의 계절이 지나면 다시 지난 시간을 오붓하게 이야기할 날이 올 거라 믿습니다.

아마도 우리 가족이 불러야 할 노래가 더 남아있음을 알려주는 자연의 계시일지도 모른다는 생각이 듭니다. 끝까지 나를 믿어준 나의 남편 그리고 두 아들과 며느리 손주들과 이 기쁨을 함께하고 싶습니다. 부족한 작품을 펴내기까지 도움을 주신 현대시선 편집부 그리고 이상미교수님께도 감사인사 드리며, 생을 깊게 노래하는 시인이 될 것을 약속하겠습니다. 감사합니다.

2013년 11월

안춘예

목차

1부. 오후의 단상

2부. 행복에 대한 단상

3부. 우리도 그들처럼

1부. 오후의 단상

잇꽃

새싹은 어느새
향기 나는 봄으로
옷 갈아입고
물결칩니다

이따금
마음의 꽃씨가
바람 흔들려 쏟아질까
살피기도 하지만

이내 추스르다
늘 처음자태 그대로입니다

걱정이 병이 되지 않는
이 봄날에
초심 한그루 바라봅니다.

을왕리에서

잔뜩 취기 오른
노을 속으로
오늘은 바다가 빠져듭니다

조금은 이른 선술집에서
모처럼 그와 마주 앉습니다

딱 한 번
낮과 밤이 부딪치는
소리를 내며
한 병의 생을 비워내는 동안

바다는 그냥 바다이고
우리는 그냥 타인일 뿐이라고.

한기

두툼한 옷을 걸쳐도 파고드는
이것을
어떻게 해야 하나

나이 탓을 하다 문득
마음 한곳
추운 곳을 본다

뼈에 숭숭 바람이 드는
이젠 나도 마음 시린 중년인데
마음의 골다공증은
어디에서 처방받아야 하나

아랫목에 누워
이 바람 저 바람 헤아리다
잠깐 삶의 한기를 느껴본다.

어떤 꽃

꿈속에서
아름다운 영혼을 보았다
무지갯빛 찬란함도 만났다

연줄에 매달려 허허
세상도 내려다보았다

분명 길몽이었다
깨어 보니 머리 위에
매달려 있는
차가운 링거액들

흰 가운의 손길이
꽤 긴 시간 나를 다녀가셨다

내 몸 어딘가에서
잠깐 쉬다간 꽃으로 인해
진짜 내 생을 피워보기로 한다.

어머니

다 읽을 때까지
이 눈물이 멈추지 않을 것이다

이젠 내가 당신의 독자인 것을

벼랑이 숨어있는
그 절벽 같은 문장에 눈물 훔치는.

시골집 밥상

논두렁의
저 지독히도 촌스러운 맛과

화장기 없이도
첩을 쫓아 낸
조강지처 같은 뚝심과

평생 물리지 않는
햇살의 비법까지

산전수전 다 겪었어도
입 꾹 다물고 있네.

동생아

동생아,
자기의 지로 피는 꽃을 보아라
저기 저 연초록 봄도 보아라
계절도 자기 의지를 내려놓는 순간
시간이 빠르게 퇴화되는 걸 잘 알고 있단다
그들도 너처럼
한 송이씩 숨을 내쉬며
한철 내내 봄을 앓는단다
뿌리가 강렬하면 그 무엇도
생명을 무너뜨릴 수 없는 것
너 또한 잘 알고 있겠지

내년 다시 첫 손님처럼 찾아올
아지랑이며 냉이 쑥들
비단 꽃으로 오지 못할
그러나 분명 너의 강한 봄

평택 들판에서
초록의 그 봄을
늙으신 노모와 같이 맞아보자
누이 또한 강하게 지켜 주리니.

가슴속 향기

그 시절로
다시는 돌아갈 수 없겠지
공기 돌처럼
잠깐 창공을 치고 올라가던 그때로

어둠이 때 구정물처럼
발목까지 올라오면
깜박 해는 넘어가고

동구 밖엔
우리가 놀다 간 손자국만
남은 예기를 마저 하고 있었지

바람은 여전히
까불대듯 담장을 넘어
추억으로 끌고 가지

과수원을 넘어 시집간
옥이의 이야기처럼
우린 잘살겠지
그렇게 믿는 거겠지.

너의 태몽

일출을 만져보고
일몰도 가까이서 본다
평생 한 번뿐인 기회 같아
기어이 품고 집으로 온다
돌아가신 증조부 할아버지가
여전히 자리에 계신다
소리가 없는데 말이 들렸다
꽃 잔치 끝 무렵에
시큼한 자두도 본다
구름과 바람도 알 수 없는 한시름을 덜고
시나브로 천지가 바뀌고 있었다.

꿈

새벽 무렵의 하늘은
한편의 강물 같았다
병실 침상 옆으로는
몇 그루의 편백이 나무가 되려는지
잎을 만들어 내고
난 처음 입어 본 환자복을
익숙한 듯 걸치고 있었다
눈을 뜨고도 새벽은
부처처럼 감고 있어
혹, 길몽이 부정 탈까
다행히 말을 걸지 않았다.

그날처럼

눈 빠지도록 기다리는데
언제 오시려나 우리엄니
그 옛날
엄니 장에 가시면
동구 밖 느티나무 아래서
엄니를 기다리던 어린 남매들
해지도록
동구 밖을 바라보며
엄니를 기다리던 추억
마치 그날처럼
지금 병상에 누워
다시 엄니를 기다립니다.

세월이란 참

공평한 건 좋은데요
너무 훌쩍 가버리네요

다신 안 온다는 거
알면서도 참 모르겠네요

고장이나 혹은 수리한 번 없이
거 참,
기가 막힙니다

그러고 보니
정거장도 없네요

난 어디서
내려 줄 건가요.

먼 훗날에

먼 훗날을
소리 내서 읽으면
아주 작게
소리 내서 읽으면

입안에 침처럼 고이는
단물 같은 기억으로
당신도 서성이겠지요

밤새도록 읽어도
잘 외워지지 않던
까맣게 밑줄 쳐진
단어

삶은 늘
낙제를 받을 수밖에는 없지만
그래도 빈칸은 채워 넣어야 했었지요

어느 날 문득
먼 훗날을 읊조리다가
홍역 앓듯 지나간 흔적

조금은 알 것 같습니다만
그러나
아직 답은 쓰지 않겠습니다.

난 쉬어가리

매미는 울음소리로 쉬어가고
밤송이는 여무는 동안이 휴식이다
들판이 가을을 널어놓으며
곳간을 비우는 동안

잠깐 아파보기로 한다.

누이가 간다

너를 업고 오늘이 온다
평범해 보이는 저 모습이
가끔 낯설지 않게 보인다

하루를 보내며 몇 번씩
자신을 내려놓고 싶을 때가 있었을 거다
뜻밖의 불청객 때문에
숨죽여 운 나날도 많았을 거다

하늘이 정해 준 서열
나는 너의 누이란다
생의 덫에 걸리지 말라고
하늘이 보내준 누이란다

지금 이 순간도
덫을 풀기 위해
팔뚝 걷어붙이고 누이가 간다.

그 미소

사랑도 때가 있다고
자꾸만 일러준다
말은 어디서 보이는 걸까
아무리 봐도 나는 귀밖에 없다
동그랗게 원을 그리고
나머지를 색칠해 갔다
지워지지 않았으므로
그대의 포로가 되었다.

이른 새벽

새벽의 병실 침상은 슬프다
떠날 보낼 이로 끙끙 앓는다
오늘도 한 여인이
구름 따라 떠날 채비를 한다
이른 안개를 그녀를 따라나설 것이다
잠시 시간은 병원의 안팎을 논하며
먼 길을 처음으로 혼자 보낼 것이다.

파란수표

산행하다가
바위틈을 뚫고 나오는 약수를 본다
저것은 바위의 눈물이다
이 악물고 참았던
마음을 뚫고 나오는
바위의 오열이다

살뜰히 모아 둔 몇 푼을
받아 넣으면서
우리가 바위가 되기로
단단히 마음먹은 날을 기억했다

하나뿐인 남동생과
나의 병을 모른척하기엔
더 이상 견딜 수 없었던 시간

힘든 것은 아무것도
해줄 수 없다는 막막함이었을 것이다

밤새 너의 마음 같은
이 파란 수표를 만지작거리며
믿고 견딜 것을 약속해본다.

들꽃

아무도 그녀의 이름을 모른다
고향이 어딘지도 모른다

겨우 중학교 졸업하고
마치 서울로 돈 벌러 온 것 같은
분 냄새와 옷매무새가
촌스럽지만 정겨운 꽃.

구름 꽃 여행

사춘기처럼
풋사과 한입
쓰윽 베어 물고
바다 위에 하늘이 있다

뜬구름 잡는 양
잠깐 허송세월이 보인다.

인연

아무 소리도 들리지 않는데
앞뜰이 소란하다

햇살 끌어오더니
금새
영험한 색깔의 꽃들이 핀다

노 할머니는 말이 없으시다
문턱을 넘어 꽃피는 소리에만
귀 기울이신다

인연은 늘 저곳에서 온다고
첫날밤 같은 엷은 미소만 지으신다

인연은
꼭 시절이 지나야만 안다.

빈 지게

소쩍새의 울음소리가
두런두런 이어지는
오솔길을
터벅터벅 걸어간다

혼자 바라보는
길가의 풍경들이
오늘은
남의 일 인양 느껴진다

그렇게 걸어
얼마쯤 가면
이 길도 끝나겠지

길 끝난 곳에
빈 지게만 홀로 남아
또 다른 주인을 기다리겠지.

오후의 단상

하필 청명한 오후
혼자 있는데 그가 불쑥 찾아왔다
양말도 벗고
편한 차림인데
벨도 누르지 않고 어느새 와서 앉아있다

목련이 주섬주섬 보따리를 싸고
시간은 가끔 그의 부재를 재촉한다
공지된 일상의 무료함에
나는 꽃보다 목련이었다

정신 차리고 보면
꽃이 지고 있다.

전주 한옥 마을에서

이른 아침이라
주차된 시간뿐이다

지인 몇 분과
체험 나온 학생들이
오래전 사진첩 사람들 같다

옛풍의 액세서리 샵을 지나
도자기 가게에 들려도 낯설은
이방인들뿐이다

너무 오래전에 마을을 떠났나

지인에게 끼친 민폐 마냥
자꾸 꺼림 직하다.

갈증

가뭄이다
이 가을은 지금 욕심으로 한창이다
꽃을 보내고 설움을 채우니
타들어 가는 소리뿐이다
열매를 보내고
씨알을 남겨놓으니
애지중지 근심뿐이다
밤이면
덩그러니 흰 달이
가뭄의 속을 마저 비워낸다

당신을 보내지 말걸 그랬다.

병실에서

노을이 병실 창을
들춰본다
가끔 그럴 때가 있다

하늘이 내가 읽던 교과서를
잠시 접어놓는다
지금이 그럴 때다

당신의 투정이
혈관 깊숙이 지고
울음도 색으로 붉다

지금은 몸이 말을 걸 때다.

참사랑

허공이 길을 내어준 자리에
올봄 매화가 환하게 자리한다
아무도 허공의 존재를 모르므로
매화칭찬에 봄날이 짧다

혀를 두를 저 꽃의 배경이
바로 얼굴 없는 허공이다.

수제비

시골집 담장 안에
구멍 난 창호지 문이 있던 집
시골집 앞마당에
큰 멍석 갈아놓고
들에서 일하고 들어오신 어머니
저녁이 늦어 밀가루 꾹꾹 뭉쳐 치대고
시커먼 무쇠솥에 불 피워가며
감자 몇 알 깎아 넣고
담에 주렁주렁 열린 호박 하나 뚝 따다가
듬성듬성 썰어 넣고
밀가루 반죽 얄개 떠 넣어가며
우르르 한 솥에 끌면
주걱으로 휘휘 젓어가며 뜯어 넣는 반죽
엄마 몰래 조금 떼어 불에 구워먹던 시절
그러고 나면 큰 양푼에 수제비 한가득 퍼
멍석 위에 둘러앉은 울 가족 맛있게 먹던
그 시절
엄마는 땀으로 범벅이 되어있어도
우린 더 달라고 내밀던
그때 그 수제비가 먹고 싶어진다.

삶

하늘도 땅도 바람도 머물지 않는
저 고통 없는 마음이
단 하루도 멀쩡한 날이 없으니.

너를 믿는다

눈물 없이도
매일 우는 너를 본다
한 방울의 물로 나눠진
남매라는 이름

문을 여니
목이 메어 우는 것들로
요즘 누나의 뜰 안은 가득하다

절절한 것이
어디 우리뿐이더냐
한 치 건너 저 등불 아래
목 놓아 우는 설움의 등꽃

삶이 축제인 이유를
마음 아프고 서야 깨달았으니
동생아, 네가 마음 멈추는 곳마다
누이가 기다리고 있단다

꽃샘추위 같은
통증의 이 바람
누이 믿고 그냥 걸어가거라.

여름

푸른 바다가 그리운 이유에 대하여
몇 장의 레포터를 요구하는 계절이다
치마 길이가 짧은 민소매 차림의
이 관능을 어디서부터 묘사해야 하는지
이 여름을 또 몇 번을 지웠다 써야
저 계절이 수락할지
더위 앞에서 절절매는
아직도 수강 중인 여름.

2부. 행복에 관한 단상

공원길에서

벤치 위에 소주병이
허름한 차림으로
앉아있다

지금 어둠은 19.5도
지구는
먼 아르헨티나를 돌아
아침이면 다시 이 자리로 올 것이다

편의점에서 산
한 병의 생은
이미 정찰제이다

신용카드가 바닥 날 때까지
밤은 맘 놓고
또 나를 긁어 댈 것이다

도심의 한 귀퉁이가
공원에서 날밤을 새운다.

웃음

오늘 따라
너의 웃음이 아파 보인다
맘 놓고
웃지 못하는 너

그러나 다시 바라보니
그 미소 속에 향기가 있는 듯
오래 마음을 맴돌다 가는

아물어 가는 것이
어디 상처뿐이겠느냐
이젠 다시 보인다
너의 깊은 영혼이.

소래 습지 개똥쑥

따가운 햇살 가득 안고
지금 나는 소래 습지를 헤매고 있다
집에서 그리 멀지 않다
다시 말하겠다
마음에서 전혀 멀지 않다
우정 이라는 거리를
평생 유지해 온
벗의 동행으로
이미 개똥쑥은 다 내차지 같았다
처음부터 너무 순탄한 것이
조짐이 수상 타니
어라,
일대를 다 뒤져도

초록에 내 맘만 내어주고 왔다.

머리핀

할머니 머리에 꽃이 피었다고
손녀가 나를 보며 이야기한다
지금 문밖에는
돌빔 같은 개나리를 입고
봄이 화단 옆을 지나고 있다

나와 아들과 손녀의 관계처럼
계절 어디에 뼈마디 숨어있어
저 어린 꽃이 일찍 제 이름 부를까

꽃핀 파는 곳을 지나다
난 아마도 손녀와 그의 애비 녀석 앞에서
한 번도 꺼트리지 않은
어떤 기억을 보여주고 싶었을지 모른다

나의 손녀가 훗날
꽃핀 하나만으로도
봄과 삼대가 함께 어울려 웃던
이 순간을 머리에 꽂으며.

붉은 장미

곧게 세워 놓고 있는 장미
목메는 붉은 울음 토해가며
사랑의 손을 내밀고 있다
붉은 마음 말하고자
속절없이 보낸 시간
온갖 아양도 다 떨어 보았다
가련하고 여린 마음 떨어질세라
죽을힘 다해 울타리 기어올라 본 세상
사랑의 미로에 방황하는
너 오직 하나의 진리 앞에 참 아름답다.

누구신가요

목의 종기가 수상한 밤이다
언제부터인가
자다가 깨는 횟수도 많아진다
울음을 지우고 대신 웃음을 끼어
오늘도 가족들을 보았다
유일하게 내가 나를 만나는 시간
웃음은 눈물보다 늘 효과가 뛰어났다
더 잠든 후에야
또 다른 내가 나를 바라다본다
세포마다
어머니 그리고 나의 피붙이들
종기처럼 곪아 터져도
끝내 내가 누군지 나는 모른다.

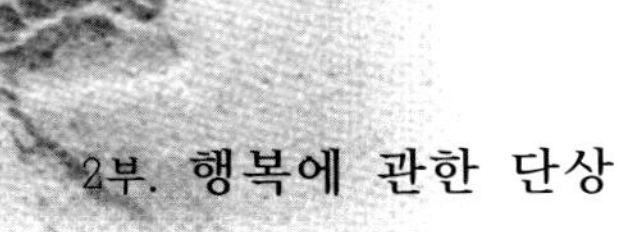

아카시아 꽃

별들이 쏘아 놓은 하얀 밥풀
흐드러지게 놓여있네

달님 몰래 별님 눈물
뿌려 놓은 건 아닐까

별님의 그리운 눈물인지도 모를
밤새 내린 이슬로

몸서리치게 그려지는
아픔으로 만들어낸 꽃

여인의 이 속처럼 새하얀 꽃송이
버선발로 임 마중하네.

애님이어라

산 좋고 물 좋으면
애님이어라

앙증스러운 들꽃들이
애님이어라

낙원 같은 들판 또한
애님이어라

눈에 보이는 모든 것이
애님이어라.

바다 속으로

바다는 어머니 자궁을 닮았다
양수 같은 물속에서
그 위대한 아침의 태양도 길러내고
밤이면 다시 잠재워
들어올 새벽의 합창을 만들어내기도 한다
모든 물상은 저 파도에 씻기고
기어코 해산의 맑은 잉태에
다다르고 만다
너와 나의 경계를 지우고
다시 천지가 창조될 때까지
우렁찬 울음을 열심히 키워낸다.

앙칼진 울음

갈매기는
가쁜 허기를 달려 머리 위로 맴돌고

물거품의 앙칼진 울음
암벽에 부딪힌다

흰 포말을 만들어내는
바다의 응어리

외포리 바다는 지금
외로움 봇짐 풀어낸다.

관곡지 백련

한참을 붉은 한숨 내 쉬더니
지레 하얗게 질려버린다
나에게 다가온 그대여
웅어리져 끌어안은 채
창백한 미소로 화답하는
고운 너 연초록 이파리.

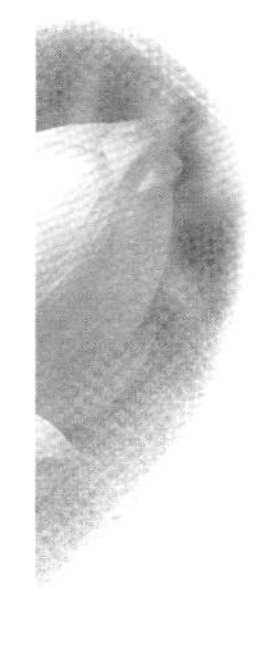

비가 오려나

뜰 앞 늙은 꽃이
이젠 비도 싫은가보다
하늘을 한참 내다보더니
신경통 앓는 표정이다

갱년기 그녀의 얼굴을 대할 때마다
곧 비가 올지 모른다고 생각했다

꽃이지는 소리로 천둥이 치고
벼락처럼 그 이튿날 그녀는
어디론가 떨어졌다

그 구멍 사이로 비가 내릴 것이다.

일상

하루가 잘 굴러간다

오늘 하루를
지치지도 않고
용케도 잘 굴러간다

길은 가끔 끊기기도 했다

보이지 않으면 답답하다고
막막해하는 사람도 있었지만
시간은 구르는 일을 멈출 수는 없었다

자갈밭 같은
오늘 하루를
심하게 다녀온 큰 바퀴 하나
내 옆에 곯아떨어져
정신없이 자고 있다.

봄 문학기행

오늘은 저 바다가 스승이란다
귀 기울여 말씀을 들으시란다
소품으로 노을까지 자료 준비한
저 자연을 그냥 베끼라 하신다
파도가 출렁일 때마다
배한 척 떠밀려간다
그 순간을 놓치지 않으려고
이제 막 누군가를 보내고 온 듯한
교수님의 눈만 뚫어지게들 본다.

춘분지나

한 됫박도 안 되는 햇살을 빌리기엔
동에서 서로 넘는 길이 너무 짧다

탁발을 나간 어린 바람 자루엔
휑한 허기만 그득하고

노승을 닮은 뜰 앞 나무는
이제 저승꽃 같은 그늘마저 접는다.

제비꽃

마음의
비무장 지대에만 피는 꽃

자연도 그를 건드리지 않아
더욱 신비한 꽃

다가갈수록
더 멀어지는 꽃

사랑의 경계에서만
피는 꽃.

마음이 가는 길

몸이 가는 길보다 마음으로
가는 길을 선택 했구나
마음이 가는 길은 멈출 때 지친다고 하던데

몸은 지름길을 찾아가지만
마음이 가는 길은 많이 돌아가야 한단다
허나 험할수록 깊은 섭리가 있겠지

그런 이치로 치유해가며
느릿느릿 마음 길로 걷다 보면

멀리서 노모의 긴 한숨에
어느덧 봄날도 가고

천 년을 돌아서야
개똥쑥이 된 생명력도 만나겠지

한 됫박의 햇살만으로도
다시 생을 얻은
네가 선택한 길에서.

오월이 간다

장미가 월담을 한다
능숙하게 가지를 언지더니
잎이 그 뒤를 따른다

꽃은 내내 그 표정이다
마치 오래전부터 알던 길이라는 냥

인간이 길을 내는 동안
저들은 수많은 눈에 보이지 않는
길로 다녔을 것이다

장미가 오고
오월이 가고 있다
사람들은 수군거리지만
아무도 오월의 행방은 모른다.

자연이 주는 행복

물소리의 싱그러움을 타고
지금 푸른 숲은 여름으로 간다

찜통 같은 더위를 내려놓고
아낌없이 계곡으로 간다

물줄기를 따라가다 보면
폭포 같은 삶도 잠깐 잊고 가겠지

돌아보면 제자리에서
나를 기다려주는
빈손으로만 살 수 있는
가장 큰 행복.

민들레

외래종 꽃 민들레
낯선 시선에 꽃잎들이 아프다
아제 곧 반나절도 못 가 시들 것 같다
살아보겠다고
꽃 빛 노랗게 열고
한바탕 질펀하게 꽃 잔치 펼치더니
모진 시선에 끝내 떠나는구나
홀씨 되어 떠나는구나.

잿빛 하늘

갱년기에 접어든 아내처럼
오전 내내 하늘이 찌뿌둥하다
이제 그녀의 마음은 더 이상 가족들에게
출근하지 않는다
자신에게 스스로 사표를 내고
문까지 닫아버렸다
마구 퍼붓는 소낙비와
천둥, 번개를 몰고 와
곧 천지개벽이 일어날
중년의 아내 같은 날씨.

숲에 오다

다시 왔습니다
길이 내려준 곳으로

별빛 같은 번뇌에 걸려
몇 번은 덜컹거리기도 했지만

나를 내려놓고
시간은 또 다음 손님을 태우러 갑니다

나무와 첩첩의 고요로 둘러싸인
이곳에서
생각은 잠시 불문율이라

내가 한 그루의 나무인지
바람도
묻지 않습니다.

구름을 다시보다

한 채의 구름을
귀 기울여 듣는 일이란
한 생을
가볍지만은 않게 흘려보내는 일

무게를 다는
오늘이라는 저울 앞에서
단지 저 한 채의 구름은

가끔씩 생을
눈속임하는
내 마음 한 채 비우는 일

고개 들어
흔들리지 않는 내 눈금과
잠깐, 조우하는 일.

창작

저 달이 원래 깊었다하는데
아무리 눈을 씻고 봐도
도무지 보이지 않는다

탄식으로 어둠만 깊어가고
이제 곧 저 달도 저물 텐데 하면서
그만,
그만,
그달을 잊은 사이

어머니,
당신께서 맨 먼저 등장하시더니
배경처럼 아버지와 어린 동생들

이제 저 달은 없고
그 자리에 커다랗게 맴도는
내 유년의 시구.

떠나는 봄

아카시아 꽃이 핀다
다짜고짜 우기며 핀다
햇살까지 다 차지하고 앉아
아주 배짱 좋게 핀다

산길 어느 쪽에
아득한 대문이 났는지
둘러봐도 봄은 없다

홀연히 산나물만
첫사랑처럼 익어간다.

행복에 관한 단상

한 고봉의 밥을 담다가
문득 뒤돌아본다
누군가 나를 위해
이 시간 한 고봉의 밥을 짓는 이

불혹을 지나 지천명
보이지 않는 것을 믿는다
어디선가 쉼 없이
나를 위해 저녁연기 피우는 이
분명 있으니

햇살을 공양하고
마악 서산으로 지는 해를 본다
저것 하나만 봐도
분명 나를 위해 우주가 노력하는 것을 안다.

천사들

장애아들의
생활공간에서 청소 대신
몇 번의 눈물을 흘렸다

날개 하나 꺾어
분꽃에 얹어주고
말을 줄이고 줄여
새들의 소리에 얹어준 아이들

그들과 눈빛만 스쳐도
꽃과 새들이
동화처럼 모여 사는 게 보인다.

지리산

생각처럼
몸은 멀어도 마음은 지척이다

오를 수 있을까
마음속 해발이 궁금해진다

산은 늘 지도에만 존재한다

너를 몇 페이지를 넘겨야 할지.

무언의 언어

일일이 설명하지 않아도
바람은 제 주소로만 배달된다
색색을 말해주지 않아도
저 꽃들 구색 맞춰 입고 나온다
훈련 없이 가장 자연스러운
저 자연계의 질서

알고 있으면서도
저들의 입이 참 무겁다.

계곡의 단상

쌍곡 계곡에
여름이 첫발을 담근다
몇 년 산을 오르다 보니
그들의 말을 다 알아듣는다
가장 알아듣기 쉬운 말로
자연은 말을 나누고 있다
아니 말은 웃음이 넘칠 때 잠깐 비추고
말보다는 말없이 말을 나누고 있다

당신 이야기가 한마디도 들리지 않는
이곳에 오니
비로소 당신 말이 들려왔다.

뇌물을 받는 기계

어머나, 미쳐요
찬 얼음물 한잔 주실래요
지금 날아온 용지 이게 뭐여
지난겨울에 이어 날아온 전기세 용지
폭탄이여 에어컨 몇 번 틀었다고
뭔 에어컨 고렇게 겁나는
돈 먹는 기계여 더워도
그놈에 돈 때문에
에어컨 두고도 틀지도 못하고
바라만 봐야 하느냐
저 뇌물을 받는 여름 기계.

봄밤

서방님 깰세라
살짝이 나왔는데
너도 자다 나왔구나
달님 몰래 나온 별님

유난히 허기진
봄밤

저 목련에게
한 송이 마음을 풀어 놓는다.

비가 오면

감자 꽃 같은 전생의
비가 내리면
이 인연의 불가사의 앞에
넋 놓고 앉아만 있습니다
우산을 두고
멀리 다녀올 작정을 하는 동안
우리가 멈추진 않겠지만
생각만으로 이미 난
내 여자가 되지 못함을
비를 빌어 마음 전합니다
아직도 그날 젖은 옷을
갈아입지 않았다는
믿지 못할 한 통의 소식에
비가 내려 얼마나 다행인지요
그리움을 지우기 위해서라도
비가 작정하고 내릴 테니까요.

4월 어느 날에

비가 오다 갑자기 눈이 내린다
마당 가 화단에도
저 강 건너에도
꽃이 피었는데
난데없는 계절의 심술이다

봉사하고 오는 길에
춘설이 분분한 까닭을
물을 이유가 없다

나도 그들에게
저 춘설의 설레임 이기만을.

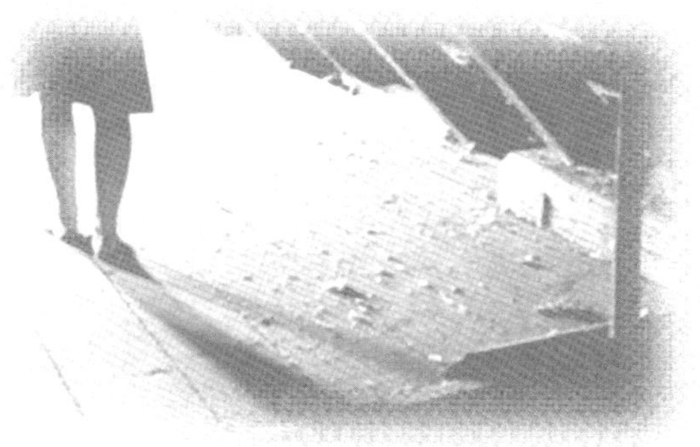

3부. 우리도 그들처럼

바람을 잃어버린 바다는
파도를 만들지 못한다고
노를 저으며 그대가 말했다

어깨춤절로
신명나게 노래할 수 있다면

-우리도 그들처럼 중에서-

우리도 그들처럼

바람을 잃어버린 바다는
파도를 만들지 못한다고
노를 저으며 그대가 말했다

어깨춤 절로
신명 나게 노래할 수 있다면

다 떨어진 신발 같은
노랫가락 부를 수 있다면

마침 해가 지는 바다 곁에
한대의 생을 세워놓고
노부부 노을 앞에 지긋하다

울다가 웃는 저 바다 앞에서
우리의 훗날을 본다.

그리움

가을입니다
한 모금의 커피로
한그루의 그리움을 키우고 맙니다
참 어리석은 당신입니다
어느 날 뜨락에 내려앉은
가랑잎 하나
당신이 내 쓸쓸한 창을 기웃거리다가
모란처럼 갈 수 있다고
이른 아침 비질하듯
쓸어버렸습니다
가을입니다
더 이상 사랑의 집은 짓지 않겠습니다
다만 이 계절이 끝날 때까지
저 모란이 질 때까지.

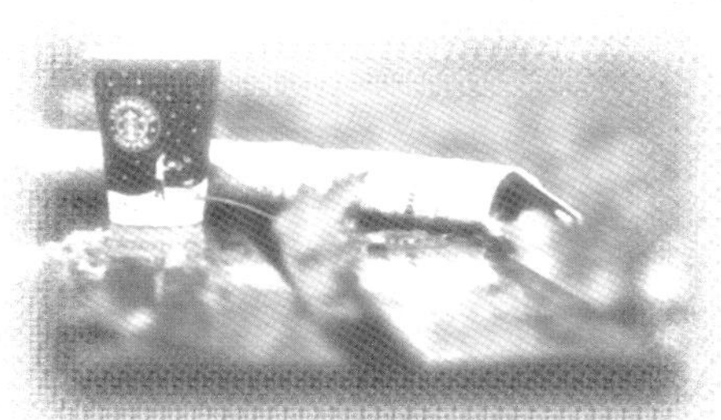

가을 외출

설악으로 향하는 우리들 마음이
꼭 요맘때 같습니다
그러고 보니
해마다 가을이
이박 삼일 정도밖에는 안 느껴집니다
이 여행이 끝나면
머리에 서릿발 내리는
아, 겨울이겠지요
몇 번의 톨게이트를 지나는 동안
청춘은 확인 없이 지나가 버렸고
그 길엔 낯선 이정표가 비에 젖어 있습니다
마지막 외출인 것 같습니다
정중히 나의 젊음을 배웅하고 오는 길
아무에게도 들려주지 않겠습니다.

가을여행

장대 끝에
긴 그림자가 눈에 들어옵니다

선명하게 잊혀진 것들이
하나도 없습니다

이제야 거들떠보니
그리움이 몇 삽 올라옵니다

내 한생
잘 수거하겠습니다.

가을에

귀뚜라미가
밤새 깨어있다

가을이
마루 밑을 지나
내가 모르는 길을 내면서 가는 동안

저 작은 미물이
우주와 통하는지

국화가 마당
한 귀퉁이에
자리를 펴고
한철 머물 준비를 한다

가을엔
나도 덩달아
눈 밝아진다.

은빛향기

이 가을엔
은빛 억새처럼
초라한 당당함으로 살자

번뇌를 모른 척하며
아무 투정 없이
우는 웃음으로 살자

햇살에 잔뜩 뜯어놓은
온갖 나물을 널며
아주 잠깐이라도 다른 생으로 살자.

가을

가을을 재촉하려는 듯
귀뚜라미 소리 밤을 새운다
온 힘을 다해 울어대더니
가을을 업고
산등성이로 오른다
그 울음에 가속도를 더하자
온통 산이 붉어지고 마침내
절정 단풍에서 멈춘다
한 분의 가을이 올해도
그렇게 살다간다.

가을 통신

기다렸던 비 소식이군요

툇마루에 널어놨던
당신 마음을
잠깐 들여놔야겠습니다

이제 가을은
마 악 딴 풋고추처럼
뿌리 없이도 참 잘 익어갑니다

벌레가 먹어야
사랑도 건강한 것이라고
세상이 품종을 가리는 사이

어느새
시간은
또 유통기한을 넘기고 있습니다

아주 먹음직스럽게
기다림이 익어간다는 말로
이 가을을 마감한다 해도
당신만은 다 알아듣겠지요.

갈 아침

청명한 아침
오늘이라는 좋은 날
햇빛 반짝 빛이 나고
바다 물결이 아름답듯
흘러가는 세월에
무심한 내 삶 같은 날을
살아도 같은 하루가 아니듯
목마른 자유 따스한 내 가슴으로
마음을 채워가는 만남
마음 깊이 행복해하는 사람들.

설악계곡에 앉으면

입과 귀가 모두 열려
바위의 비밀까지 꿰뚫게 될까

평생 앓는 병처럼 설악이 되면
그대 마음에 천 년살까

입 무거운 저 자연 앞에 서면
한생 참 가벼이 들을 수 있을까.

설악에서

설악이 될 때까지
산은 저만치 지켜보고 있다
바람이 마음속까지
후려쳐도
그 자리가 하늘이 내린 자리인 줄 안다

당신 앞에 서면
나도 설악이 된다
의심의 그 마음을
반음 내려다보며
수심 깊은 내 얼굴을 익혀야 한다.

겨울비 내리던 날에

겨울이 되면
나의 영혼 더욱 가난해진다

아직 준비하지 못한
두꺼운 옷도
더는 싹이 나지 않는
한 됫박의 햇살도
모두 다 남의 것이다

허기진 배를
겨울비로 채우고도
내가 잠을 들지 못하는 이유이다.

바람

처음엔 한줄기 욕심을 버렸지요
늘 비보다 먼저
마을을 지나길 바랬거든요
당신 눈을 차지하는 저 영롱한 꽃도
내가 입은 한 벌의 영혼이라지요
이름을 얻기 전에
내가 누구인지를 아는 일 또한
천둥 같은 자연계의 불문율
오래토록 눈에 띄지 않아야겠어요
마음에만 새기게.

반가운 만남

아침이 저들을 문지른다
잘 닦아라 오늘 하루
꽃이 마당을 지나
아들이 자고 있는 방으로 간다
한창일 때는 꽃이 온 줄도 모르는 법이다

병원으로 가는 길목에서
늦은 아침을 본다
자연들과의 만남을 뒤로
병원으로 들어선다.

마음

아팠다
돌아보니 마음이 거울을 보고 있었다

내가 누군지
알 길이 없다
너와 내가 사는 동안
시계 없는 시간만 있다

흰 가운을 입고
누군가 다녀가셨는지
봄날 꽃 내음이 진동한다

끝내 완치가 되지 않는
봄 앓이로
몇 대의 사랑이 그냥 지나갔다.

비릿한 향기

햇볕에 실어 온 바람은
살랑거리며 다가온다

거침없는 찬가를 부르며
바람은 미소를 띠고 온다

한낮의 더위 머리에 이고
길을 나서본다

바람에 실려 온 비릿한 향기
소래포구의 그리움

생기 넘치는 뱃사람들의
삶의 터전이다

소래포구의 그리움도 함께
비릿한 향에 미소를 짓는다.

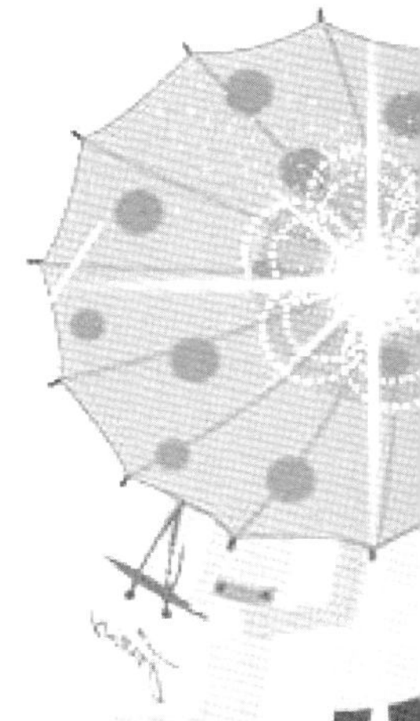

봉평 메밀꽃밭

무량의 하얀
메밀꽃 하나로도
봉평이 숨을 쉬네

조물주가
하루에 한 번씩은
가다 들린다네

저절로 솜씨 되면
메밀꽃 알아본다네.

큰 스님의 먼 여행길

유난히 번뇌가 반짝이던 분이 계셨다
어둠 같은 마음 헤치고 늘 보듬어주시던
고요로운 분이 계셨다
속세를 떠나 빈 절간에
풍경소리 저녁을 울리면
누군가를 위해 공양을 올리는
그런 분이 계셨다

열락의 강을 따라
인연대로 살다가
버선발로 소리 없이 우리 곁을 떠나셨다

그 품 의지하던 나의 아우의
속절없는 슬픔이 너무 크다
꿈길로 반야용선 타시고
어둠과 고통의 경계 없는
극락에 가시어 고이 잠드소서

지장보살 지장보살 지장보살.

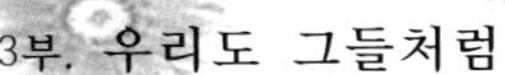

중년

마악 이모작을 끝낸 바람이
오늘은 제 논에 물을 주고 있다
상상만으로도 배부른
들판의 오후이다

반 수저 들고 길 나서는
오른쪽 팔이 무겁다
생을 내려놓을 때까지
항상 누가 나를 지켜본다

오십을 지나면서
조금씩 나를 비켜서는 것들
오늘은 가지 않던 길을
티를 내지 않고 걸어본다.

한 여름 밤에

내 눈물에
내가 운다

오늘 나는 이 장면을
대사 없이 해내야 한다

한 방울의 눈물로
사랑이 범람하기를 꿈꾸지만

한그루의 사랑이
자라기엔
한여름 밤이 너무 짧다

비가 그치고
곧 이 여름도 지나가면

영화가 아닌
연극 같은 사랑을 쓸지도 모른다.

능소화 앞에서

머물기를 반복하더니
다시 짐을 챙긴다
향기가 나는 곳으로
볕이 기울고
담장이 나지막이 남향을 낸다

저들끼리의
약속인양 소리 없이 이루어진다

흔적을 남기지 않았으므로
다시 또 올 것을 믿는다.

눈 내리는 날

밤새 눈이 많이 내렸다
라디오에서는 파가니니의 바이올린이
흘러나오고 있었다
현란한 음색으로 거리를 활보하던
몇몇의 사람들이 낮은음 자리로 옮기고
천지도 고전주의로 돌아가고 있었다

첫눈처럼 다시 내릴 수 있다면
모든 것이 다시 내릴 수 있다면
초목이 천 년을 기다리듯
제자리에서
한그루로 살 수 있었을 텐데.

여름비

담장 위에서
뜻밖에 비를 만났다

반갑다는 듯
호박 넝쿨을 툭툭 친다

비 내리면
이런 묘한 풍경이 있어
세상 살만한 것인지
순박한 모습에 그만
옷 젖는 것도 잊는다

돌이켜보면
메마른 나날들
내 발목을 잡고 있는 무거운 짐들

한동안 내릴
내 피붙이 같은 여름비에
그만 다 놓아 버린다.

슬하

나의 유일한 대가족 사진
평택은 변하지 않는다
그 속에서 나는
어린 동생을 돌봐야 하고
시집도 잘 가야 한다

어머니는 늘 젊지도 늙지도 않으셨다
아버지가 아버지처럼 생기셨고
자다가 눈을 뜨면
건넌방 거기서 주무시고 계셨다

고향은 크게 웃지도 않는다
다시 그곳에서 우리를 낳고
다시 옷도 물려 입고 울기도 해봤으면
자다 깨어 보면
다 그 자리에 다시 놓여 있을 수 있다면

그곳에만 뜨는 별과 달빛만으로도
말씀 잘 듣고 더러 혼나기도 한다면
다시 그곳으로
그곳으로 갈 수만 있다면.

태양 아래

하루에 수십 번 오가던
골목 건너 세 번째 집
초인종 누르고 도망가던
소년이 살던 동네입니다
세월이 흘러 하필 밤중에
다시 찾은 그곳에
운동화 끈 끌러진
그림자 한 짝.

다시 그곳에

새빨간 거짓말이라고
당신이 말했다
나 먼저 차에 가 있는데
조심해서 가라 한다
미안하다
더는 못 들어 주겠다
좋은 날 있을 때 다시 만나자.

하루쯤 바다는

이곳에 삼사십 년쯤
어부로 살아가는 일
벨트를 풀고 뭍으로 가본다
정말 죄송하다
핸들을 꺾을 수가 없으니
노을이 오고
해가 작아지면
낯선 이방인으로 하루쯤.

돌아가라

누가 결정했을까
배를 돌리는 일
하늘은 푸르고
음악은 경쾌하다
살 없이 웃어본다
웃는 건지 우는 것인지
고향을 잃어버린
도시 한 복판에서.

하늘공원 이야기

이런 걸 먹는 거야 여기는
산꼭대기 갈대가
어린 구름에게 하는 말이다
산들의 이야기를 들을 수 있는 곳
바람이 차 한 잔 대접하는 곳
멀리서 도심 경적이 울리면
녹색의 경고가 하늘에서 울리는 곳
오늘도 잘 들어 보라고
거기에 해답이 다 있다고.

문 앞에서

나의 진술 앞에서
당신만 마음을 열면 됩니다
꽃이 지고
이듬해 봄이 내 옆을 지나가도록
난 열쇠를 찾지 못합니다
비밀번호를 잘 기억하는
해와 달은 사랑을 기억하나요
오래 서 있어도
당신을 원망하지 않겠습니다.

난초

한때 푸르던 혈관 버리고
왕성함도 버리고
기억의 여름마저 버리고

한 소절 시간 앞에
잠깐 엎드리고 있네
부귀영화 부질없다는 듯

사랑을 담 넘어
햇살까지 장악했던
전설 같은 그.

풋사랑

비까지 맞아가며
자랐는데
아직도 비린내가 난다니요
젖내가 난다니요
마음도
까치발하고 봐야 하고
타올로 얼굴을 가려도
금이 그어져 있다니요
징징 봄비가 오는 대요.

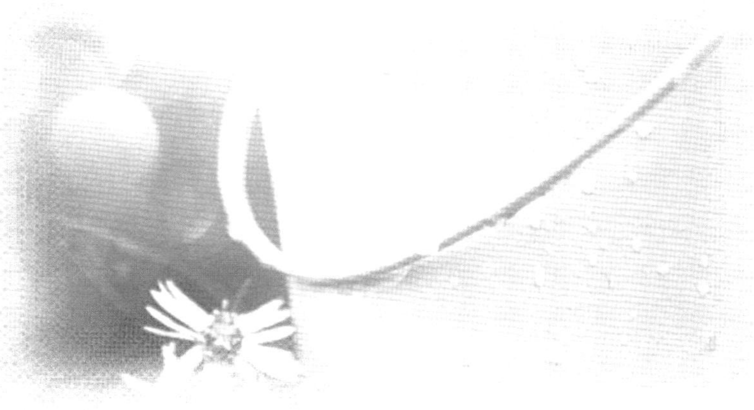

詩해설

이상미

(인연)생명의 또 다른 이름

이상미

 한평생 사는 동안 우리는 수많은 만남과 이별을 거듭한다. 비단 사람뿐만이 아니고 육신의 허울을 가진 생명체들은 다 자기 나름대로의 체계로 만남과 이별의 공식을 가지고 살아간다. 눈에 보이게 혹은 보이지 않게 이 순간도 생성과 소멸의 모순으로 우주는 생산을 지속하고 있다.

올해도 살구꽃이 무상이 피었다 진다.
몇 됫박의 결실이 여러 경로를 거쳐 나에게로 온다. 또 하나의 만남이고 이별이다. 저 살구 한 알에 바람이 몇 점이고 구름이 몇 조각인지 또한 능선에 걸린 저 해는 머무르기를 수도 없이 주저했을 것이며 담장안식구들은 생기 총총한 얼굴로 쉼 없이 눈빛을 보냈으리라. 그러고 보니 하필 왜 그 시간에 왜 그 살구였는지 불가사의한 인연이 그대로 내게 전이되어 난 그 힘으로 앞마당 가을을 주워담고 또 이렇게 글을 쓴다.

그렇게 봄날 한 알의 살구처럼 그녀가 내게 왔다. 그녀의 시를 통해서 안춘예라는 시인의 당도와 신맛을 한 입씩 베어 물어본다. 한입 가득 입에 단물이 고일 때마다 그녀의 글속에 함유되어있는 수많은 인연을 눈물겹게 만나보기도 한다.
꿈에서도 놓을까 절절해하는 가족사와 봉사의 또 다른 이름으로 곁을 내준 훈훈한 나의 이웃들까지 그녀를 통해 더불어 얻은 소득이 감사하다.

밤새 눈이 많이 내렸다
라디오에서는 파가니니의 바이올린이
흘러나오고 있었다
현란한 음색으로 거리를 활보하던
몇몇의 사람들이 낮은음 자리로 옮기고
천지도 고전주의로 돌아가고 있었다

첫눈처럼 다시내릴 수 있다면
모든 것이 다시 내릴 수 있다면
초목이 천 년을 기다리듯
제자리에서
한그루로 살 수 있었을 텐데

-눈 내리는 날의 전문-

위의 시를 읽는 내내 첫눈을 다시 보게 된 계기를 생의 첫눈을 뜬다는 의미로 해석해도 무리가 아니라는 생각을 한다.
시는 시각을 빙자한 청각의 표현이므로
인간의 본성과 진리에 가닿는 직관의 소리에 비로소 그가 눈을 떴다는 의미로 받아들여졌기 때문이다. 체 한그루가 되지 못하였다는 자기 성찰이 이미 시를 쓰게 하는 귀한 상태임을 스스로 구원하여 알고 있다.

머물기를 반복하더니
다시 짐을 챙긴다
향기가 나는 곳으로
볕이 기울고
담장이 나지막이 남향을 낸다

저들끼리의
약속인양 소리 없이 이루어진다

흔적을 남기지 않았으므로
다시 또 올 것을 믿는다.

-능소화 앞에서의 전문-

독자가 시를 읽는 또 다른 즐거움은 달관이다.

달관은 절제와 지속의 균형감각에서 온다. 혀를 두를 만큼 위의 시를 감탄하는 이유는 그녀가 쉽게 초월과 타협하지 않았다는 점이다. 신속한 기류를 피하고 스스로 우주가 주는 진정한 치유와 안식을 모색하고 있었다.

나의 유일한 대가족 사진
평택은 변하지 않는다
그 속에서 나는
어린 동생을 돌봐야 하고
시집도 잘 가야 한다

어머니는 늘 젊지도 늙지도 않으셨다
아버지가 아버지처럼 생기셨고
자다가 눈을 뜨면
건넛방 거기서 주무시고 계셨다

고향은 크게 웃지도 않는다
다시 그곳에서 우리를 낳고
다시 옷도 물려 입고 울기도 해봤으면
자다 깨어 보면
다 그 자리에 다시 놓여져 있을 수 있다면

그곳에만 뜨는 별과 달빛만으로도
말씀 잘 듣고 더러 혼나기도 한다면

다시 그곳으로
그곳으로 갈 수만 있다면

-슬하의 전문-

보잘것없는 영혼이 오늘도 시가 되게 하소서. 하루의 순례 길에서 투쟁하고 있을 나에게 지친 위로가 되게 하소서. 삶의 치열함에 연민을 잃지 않게 하소서. 슬픔의 단비를 비껴가지 않게 하소서. 가족의 구도로 볼 때 그녀의 진정성은 이렇게 기도로 일관되어 있다. 행간마다 숨어있는 간절함을 들을 때까지 그녀는 한 알의 살구로 오래 살고 싶다. 어쩌면 정서가 곯아가고 있는 우리들에게 아낌없이 장터에서 맛을 뵈어주는 그 시절의 배경일지도 모른다.

마악 이모작을 끝낸 바람이
오늘은 제 논에 물을 주고 있다
상상만으로도 배부른
들판의 오후이다

반 수저 들고 길 나서는
오른쪽 팔이 무겁다
생을 내려놓을 때까지
항상 누가 나를 지켜본다

오십을 지나면서
조금씩 나를 비켜서는 것들
오늘은 가지 않던 길을
티를 내지 않고 걸어본다

-중년의 전문-

그녀의 삶은 가족과 詩 쓰기와 봉사로 왕성하다. 우열을 가릴 필요 없이 그것들은 서로 등가를 이룬다. 시가 군더더기 하나 없이 견고하다면 핏줄로 대신 답할 것이다. 한생을 건너는데 참으로 많은 인연을 본다. 만약 그날 밤의 천둥으로 더 야물어졌다면, 봄날 서풍을 피해 등을 낮추었다면, 땅 부잣집 며느리를 꿈꿨다면 우린 오늘 이 토속적인 고집쟁이 시인과 조우하지 못했으리라

너를 업고 오늘이 온다
평범해 보이는 저 모습이
가끔 낯설지 않게 보인다

하루를 보내며 몇 번씩
자신을 내려놓고 싶을 때가 있었을 거다
뜻밖의 불청객 때문에
숨죽여 운 나날도 많았을 거다

하늘이 정해 준 서열
나는 너의 누이란다
생의 덫에 걸리지 말라고
하늘이 보내 준 누이란다

지금 이 순간도
덫을 풀기 위해
팔뚝 걷어붙이고 누이가 간다

-누이가 간다의 전문-

그녀는 요즘 골똘하다. 글속에 나와 있듯 하나뿐인 남동생이 지금투병 중이다.
고향인 평택에서 노부모는 황혼의 나이에 뜻밖의 시간을 치르고 있다. 그 심정을 어찌 다 헤아릴 수 있으랴마는 인연의 마디를 건너 맏딸인 그녀는 내색조차도 어렵다. 눈물 대신 꽃 한 송이 흘리고 울음 대신 고요로 소리를 대신할 때까지 무수한 인연의 끈이 아니었다면 감당키 어려웠을 것이다.

마음

아팠다
돌아보니 마음이 거울을 보고 있었다

내가 누군지
알 길이 없다
너와 내가 사는 동안
시계 없는 시간만 있다

흰 가운을 입고
누군가 다녀가셨는지
봄날 꽃 내음이 진동한다

끝내 완치가 되지 않는
봄 앓이로
몇 대의 사랑이 그냥 지나갔다.

-마음의 전문-

어른들 말씀에 모든 일은 한 번에 찾아온다 했다. 그녀의 시가 병처럼 깊어지는 이유가 찾아오고 있었다. 갑상선을 타고 오는 배후를 통해 충만함을 느끼는 전보는 사람에게 기적이었지만 그녀 몸에도 세상 다녀간 흔적이 남고 있었다. 한 치도 부정하지 않았다. 오히려 자신의 신성를 일깨워 혼란스러움을 창작으로 전환하고 있었다,

이 가을엔
은빛 억새처럼

초라한 당당함으로 살자

번뇌를 모른 척하며
아무 투정 없이
우는 웃음으로 살자

햇살에 잔뜩 뜯어놓은
온갖 나물을 널며
아주 잠깐이라도 다른 생으로 살자

-은빛 향기의 전문-

시가 익어가는 내음을 귀로 들으니
올가을은 마치 다른 생을 사는듯하다.
오전교 건너 윗마을로 가기 전 잠깐 다른 길로 걸어본다. 가을에는 생도 혼숙을 하고 낯선 얼굴로 나를 대조해본다.
즐비한 편백나무 숲의 오래전 영숙아
아직 내가 누군지 모르므로 겸손하지 못함을 고백한다 가을에는.

생각처럼
몸은 멀어도 마음은 지척이다

오를 수 있을까
마음속 해발이 궁금해진다

산은 늘 지도에만 존재한다
너를 몇 페이지를 넘겨야 할지

-지리산의 전문-

하루의 높이를 공포에 비유하면 오늘의 공식이 성립된다. 그녀의 억척은 이처럼 단순하다. 시종일관 시에서 유지하고 있는 은유의 거리만 봐도 명징한 것은 원거리뿐만이 아니다. 지척을 두고 굽이 한생을 돌아 다시 슬하를 꿈꿀 때까지 그녀의 지혜 속에는 언제나 흙이 인연처럼 묻어있다. 해발을 알 수 없는 네가 바로 나의 화두이다.

한 됫박도 안 되는 햇살을 빌리기엔
동에서 서로 넘는 길이 너무 짧다

탁발을 나간 어린 바람 자루엔
휑한 허기만 그득하고

노승을 닮은 뜰 앞 나무는
이제 저승 꽃 같은 그늘마저 접는다

-춘분지나의 전문-

시인에게 있어 자장이란 축복일까. 매 순간 우

주의 실핏줄까지 낱낱이 보고 산다면 반세기 만에 마을을 꿰찬 당산나무와 시인은 뭐가 다를까. 산 나무의 나이에서 저승을 꽃피우는 그녀의 직관은 도대체 몇 살인가. 실로 나의 피력이 무색해지는 작품이다.

동생아,
자기의 지로 피는 꽃을 보아라
저기 저 연초록 봄도 보아라
계절도 자기 의지를 내려놓는 순간
시간이 빠르게 퇴화되는 걸 잘 알고 있단다
그들도 너처럼
한 송이씩 숨을 내쉬며
한철 내내 봄을 앓는단다
뿌리가 강렬하면 그 무엇도
생명을 무너뜨릴 수 없는 것
너 또한 잘 알고 있겠지

내년 다시 첫 손님처럼 찾아올
아지랑이며 냉이 쑥들
비단 꽃으로 오지 못할
그러나 분명 너의 강한 봄

평택 들판에서
초록의 그 봄을

늙으신 노모와 같이 맞아보자
누이 또한 강하게 지켜 주리니

-동생아의 전문-

무엇을 받아야 주는 건지 그녀는 계절의 유전자 먼저 검색을 한다. 내 동생이 맞다고, 지금 아픈 저 꽃이 내 동생이 맞다고, 부정을 긍정할 때까지 낮과 밤으로 울었을, 이제는 그녀가 아프다. 봄이 다리 구르며 우는 동안 두견은 가는 봄을 보내고 나이 차를 두고 다시 새봄은 온다.
시는 그녀가 풀어내는 새로운 인연법이다.
물아일체의 경지에서 안과 밖이 어디 있으며
생과 사 또한 어디 있으랴. 독실한 불자로서의 그녀는 스스로 물이고 바람이며 풀잎이기를 믿는다.

그녀의 첫 시집 '슬하'의 상제를 진심으로 축하한다. 이글을 통하여 가족의 화평을 간곡히 기원하며 그녀의 앞날에 문운 또한 함께 하기를 빌어본다.

슬 하

인 쇄: 초판인쇄 2013년 11월 25일
인 쇄: 초판인쇄 2013년 11월 30일
지은이: 안춘예
펴낸이: 윤기영
편 집: 정설연
펴낸곳: 노트북
등 록: 제 305-2012-000048호
본 사: 서울시 동대문구 사가정로 256-4호 나동 B101호
전 화: 070-8887-8233 팩시밀리 02-844-5756
이메일: hdpoem55@hanmail.net

정 가: 10,000원
ISBN: 978-89-92687-47-8-03810

한국 현대시[韓國 現代詩]

811.7-KDC5
895.715-DDC21 CIP2013024530